www.ingramcontent.com/pod-product-compliance
Lightning Source LLC
LaVergne TN
LVHW010402070526
838199LV00065B/5879
* 9 7 8 9 3 6 9 0 8 8 2 9 4 *

مہکتے ویرانے

(غزلیں)

بانو طاہرہ سعید

© Bano Tahira Sayeed

Mahakte Veeraane *(Ghazals, Poetry)*
by: Bano Tahira Sayeed
Edition: February '2025
Publisher :
Taemeer Publications LLC (Michigan, USA / Hyderabad, India)

ISBN 978-93-6908-829-4

مصنفہ یا ناشر کی پیشگی اجازت کے بغیر اس کتاب کا کوئی بھی حصہ کسی بھی شکل میں بشمول ویب سائٹ پر اَپ لوڈنگ کے لیے استعمال نہ کیا جائے۔ نیز اس کتاب پر کسی بھی قسم کے تنازع کو نمٹانے کا اختیار صرف حیدرآباد (تلنگانہ) کی عدلیہ کو ہو گا۔

© بانو طاہرہ سعید

کتاب	:	**مہکتے ویرانے** (غزلیں)
مصنفہ	:	**بانو طاہرہ سعید**
صنف	:	شاعری
ناشر	:	تعمیر پبلی کیشنز (حیدرآباد، انڈیا)
سالِ اشاعت	:	۲۰۲۵ء
صفحات	:	۱۰۴
سرورق ڈیزائن	:	تعمیر ویب ڈیزائن

غزلیں

۱۔ رنگین نظاروں سے ملاقات نہ ہوگی

۲۔ پوچھو نہ کس کو یاد کئے جا رہا ہے دل

۳۔ پُرسشِ غم یوں نہ کر لے صاف تڑپانے کا نام

۴۔ حیاتِ شوق کا مدفن مجھے بلاتا ہے

5۔ طلوعِ ماہ میں جیسے جمال میرا تھا

۶۔ ہم نے اپنے کو خود تباہ کیا

۷۔ کیا پلٹ آئیں گے اک روز نہ آنے والے

۸۔ خزاں کے دَور میں اور موسمِ بہار کی بات

9۔ آگیا، آنا تھا طوفانِ بلا آخرِ شب

۱۰۔ تھی کسے فرصت کہ کاندھا دے کوئی روتے ہوئے

11۔ کسی نے لطف فرمایا تو ہوگا

۱۲۔ زندگی کیا تھی، بلا ہو جیسے

۱۳۔ مدّتوں سے بجھا بجھا ہے دل

۱۴	کیسے بیگانہ لہجے کس کو پکارے اپنا
۱۵	مختصر عمر گریزاں ہے ذرا جلد آؤ
۱۶	مجھے مار ڈالا حیات نے میں کروں تو کس کا گلہ کروں
۱۷	نا نشی میں شام کی نکلی ہوں رونے کے لئے
۱۸	سنو تو سب کی مگر، اپنے دل کی کہہ نہ سکو
۱۹	زمانے نے کیوں مجھے بھولے بھسانے یاد آتے ہیں
۲۰	یہ کون آ گیا نظروں میں انتقام لئے
۲۱	ہے زبانِ سوزِ دل کی زبان غزل
۲۲	غم بڑھ گیا ہے آپ کو غم خوار دیکھ کر
۲۳	وہ دنیا، نا تجانہ، وہ نگاہِ کافرانہ
۲۴	خود خزاں بھی پھولوں کا نے کے ہار آتی ہے
۲۵	کیا مر گیا نہ جانے، یہ کیا ہو گئے ہیں ہم
۲۶	بزمِ دوستاں میں یوں دل مرا رہا تنہا
۲۷	بیٹھے بیٹھے یاد آئی ایک شام رستاخیز
۲۸	آنکھوں سے میرے رنگِ حنا کون لے گیا
۲۹	طاہرہ غم ناک، بداماں ہے ہمیشہ کی طرح
۳۰	چاند کو دیکھ کے جی جاتا ہے دل
۳۱	یار تو غم مستقل نہیں ہوتا
۳۲	کہو نا کیا طاہرہ گھٹتی نہیں جیسے زبان اپنی

۳۳ ۔	ابر چھٹا نہیں، دن نکلتا نہیں، ہجر کی رات آخر کدھر جائے گی
۳۴ ۔	سارے جہاں میں تُو ہی تو اک راز دار ہے
۳۵ ۔	تیر سینے کے پار کرتے ہیں
۳۶ ۔	اٹھو، اور دو بہاراں کا اہتمام کرو
۳۷ ۔	چاندنی رات، کتنی پیاری رات
۳۸ ۔	اے مرکزِ خیال، خیالوں کو کیا کروں
۳۹ ۔	کیا بتائیں کہ کتنے ہیں مجبور
۴۰ ۔	آفتاب اور ماہتاب کہاں
۴۱ ۔	دل و نظر کا تماشا بنائے بیٹھے ہیں
۴۲ ۔	ہماری آہ میں شامل ہوئی خوشی کیسے
۴۳ ۔	مسیحانے ہی گھائل کر دیا ہے
۴۴ ۔	دلاسہ دے کے مجھ کو پر مسرّتِ غم کرنے والے ہیں
۴۵ ۔	کس کو تڑپائے گی ماتھے کی شکن میرے بعد
۴۶ ۔	وہ خود بھی رو دیئے آخر رُلا کے
۴۷ ۔	غم سے سوزِ حیات باقی ہے
۴۸ ۔	دیارِ دوست کو اشکوں سے لالہ زار کریں
۴۹ ۔	دل بہلتا نہیں بہاروں میں
۵۰ ۔	جنوں، عزم جواں، نسلِ فرحاں میں نہیں
۵۱ ۔	پچھلے پہر پیہا کہیں بولتا رہا

۵۲ ۔	سکون مانگا تھا بے تابیاں نہ مانگی تھیں
۵۳ ۔	گھبرایا و سولی سے بھی دیوانہ سا ایک شخص
۵۴ ۔	محفلِ حسیناں میں آپ کی تھی جا خالی
۵۵ ۔	موت کیا راز ہے بتلاؤ کہ کچھ رات کٹے
۵۶ ۔	یہ کیا ستم ہے کسی کو کسی سے پیار نہیں
۵۷ ۔	مہلتِ حسن ہے کتنی گل تر سے پوچھو
۵۸ ۔	بازارِ جہاں میں لالہ رخاں کیا چاہتے ہیں کیا ملتا ہے
۵۹ ۔	ان کا لطف و کرم رہے نہ رہے
۶۰ ۔	یہ کائنات مگر محفلِ حبیب نہیں
۶۱ ۔	یاد تمہاری مسیحِ بہاراں
۶۲ ۔	آتما، مندر، گھپ اندھیارا
۶۳ ۔	چاہت کے باوجود نہ اونچی ہوئی نظر
۶۴ ۔	شوخیٔ تحریر دیکھ چارہ گر پتھر ہوئے
۶۵ ۔	باقی نہ کوئی غم رہا، غم اس قدر بٹے
۶۶ ۔	کیوں بلا بھیجا ہے پھولوں نے گلستانوں سے
۶۷ ۔	نہیں ملتا سکون کا مسکن
۶۸ ۔	مسلسل تلخیاں ہی تلخیاں ہیں میرے حصے میں
۶۹ ۔	جانے کیوں بیٹھے بٹھائے خود ہی جل جاتے ہیں لوگ
۷۰ ۔	کل رات میرے خواب میں آ کر چلے گئے

۷۱۔ رسوا ہوئے، مر مر کے جیئے آپ کی خاطر

۷۲۔ زندگی نار بھی، زندگی نور بھی، زندگی ہے عجب داستاں دوستو

۷۳۔ نشترِ غم کی چبھن ہو تو غزل ہوتی ہے

۷۴۔ افسانۂ حیات کا عنواں بنے ہیں ہم

۷۵۔ بے جگر، تیشہ بکف، برقِ تپاں ہیں کچھ لوگ

۷۶۔ تم چلے آئے ہو کیوں پھر دلِ ویراں کے قریب

۷۷۔ آنکھیں جو کھلیں دل کی تو کیا کیا نظر آیا

۷۸۔ نہ تو دیر میں ٹھکانہ، نہ حرم کے ہوں میں قابل

۷۹۔ حشر تک تیری جستجو ہوگی

۸۰۔ ذکر و فکرِ جمالِ یار کروں

۸۱۔ یاد میں اشک بہاؤں یہ ضروری تو نہیں

۸۲۔ رہتے ہیں اہلِ دل ہی سدا سوزِ غم میں قید

۸۳۔ غضب ہے، پھر مرے خوابوں میں آ رہے ہو تم

۸۴ آپ کی یاد ہی بندگی بن گئی

۸۵ مت قہقہے لگاؤ. مرا دل اُداس ہے

۸۶ بھلا وہ آنکھ کیا جو نم نہیں ہے

۸۷ نہ جانے آئے ہیں یہ کس کی انجمن کے چراغ

★

(بقیدِ یک قافیہ)

رنگین نظاروں سے ملاقات نہ ہوگی
گم گشتہ بہاروں سے ملاقات نہ ہوگی

بجلی سے تلاطم سے بھلا کیا نبھے وعدہ
طوفانِ گریزاں سے ملاقات نہ ہوگی

میں۔ میں نہیں اے دوست اگر مجھ سے ملے بھی
سچ مان کہ وہ مجھ سے ملاقات نہ ہوگی

کتنا بھی بلائیں انھیں کتنا بھی پکاریں
ایسے بھی ہیں مجبور کہ ملاقات نہ ہوگی

کیوں طاہرہ کیا فاصلے بڑھتے ہی رہیں گے
ان سے کبھی خوابوں میں ملاقات نہ ہوگی

پوچھو نہ کس کو یاد کیے جا رہا ہے دل
بیٹھے بٹھائے خوب سزا پا رہا ہے دل

جتنے تھے رنگ اُن کے ہی دامن میں رچ گئے
بے رنگیٔ حیات سے اُکتا رہا ہے دل

نظروں سے کیسے کیسے مناظر گزر گئے
پھر بھی ابھی فریبِ نظر کھا رہا ہے دل

کیا ہو گیا یہ کس کی عنایت کا فیض ہے
زخموں سے لالہ زار نظر آ رہا ہے دل

وہ شخص جس نے طاہرہ، یکسر بھلا دیا
اُس شخص ہی کی یاد میں گھبرا رہا ہے دل

○

پُرسشِ غم یوں نہ کر لے صاف تڑپانے کا نام
خونِ دل خونِ جگر ہے میرے افسانے کا نام

تو جو آیا بھی تو اک جھلکی سی بن کر خواب میں
ظلم تھا آنے کا تیرے ہے ستم جانے کا نام

چُپ رہی پگھلی، تپی سینے میں لے کر اشتیاق
شمع نے روشن کیا یوں اپنے پروانے کا نام

چشمِ ساقی نے نہ جانے کیا ملایا جام میں!
کوئی لیتا ہی نہیں اب ہوش میں آنے کا نام

طاہرہ! پاسِ گریباں ہے نہ دامن کی خبر
پھر تصوّر نے لیا اس بزم میں جانے کا نام

حیاتِ شوق کا مدفن مجھے بلاتا ہے
خیال و خواب کا آنگن مجھے بلاتا ہے

نگاہِ شام نے اک بار بھی نہ یاد کیا
مہک مہک کے مدھوبن مجھے بلاتا ہے

مری اُجاڑ بہاروں پہ تبصرہ کرنے
صبا کے دوش پہ گلشن مجھے بلاتا ہے

خبر بھی ہے تجھے اے بے خبر کدھر ہے نظر
عجیب طنز سے درپن مجھے بلاتا ہے

جب ایک بھی نہ رہا اشک میری آنکھوں میں
حسنو آپ کا دامن مجھے بلاتا ہے

غبار و خارِ مغیلاں کی محفلوں سے پرے
ہرا بھرا کہیں ساون مجھے بلاتا ہے

نہ جاؤں کیسے بھلا طاہرہ، سوئے مقتل
ادائے خاص سے دشمن، مجھے بلاتا ہے

طلوعِ ماہ میں جیسے جمال میرا تھا
غروبِ مہر میں حزن و ملال میرا تھا

مرے نصیب کہ وہ بھی بچھڑ گیا مجھ سے
زمانے بھر میں جو اک ہم خیال میرا تھا

درِ فقیر پہ سر میرا خم ہوا اکثر
نگاہِ شاہ جھکے وہ جلال میرا تھا

یہ میرا نام تھا جس نے مجھے کیا گھائل
مرا وجود ہی وجہِ زوال میرا تھا

کوئی ثبوت نہیں گرچہ میرا قتل ہوا
کمال آپ کا تھا یا کمال میرا تھا

خدا سے بھی مجھے کچھ مانگنے سے شرم آئی
جو اٹھ سکا نہ وہ دستِ سوال میرا تھا

سکوں کہیں نہ ملا طاہرہ کسی صورت
اک اضطرابِ مسلسل مآل میرا تھا

ہم نے اپنے کو خود تباہ کیا
اُن سے آغاز رسم و راہ کیا

آپ جنّت سے ہو گئے بیزار
ہم نے دوزخ سے بھی نباہ کیا

وہ ہمارے ہیں ہم یہ سمجھے تھے
کس قدر سخت اشتباہ کیا

آپ الزامِ بے وفائی دیں
قتل اپنا خدا گواہ کیا

داغِ ہجراں کی تیرہ بختی نے
چاندنی رات کو سیاہ کیا

دل نے سننے سے کر دیا انکار
عقل نے لاکھ انتباہ کیا

بعد مٹنے کے پوچھا میرا حال
آپ نے لطف بے پناہ کیا

چاہنا آپ کو گناہ نہ تھا
اور اگر تھا تو اک گناہ کیا

طاہرہ! اعتبار اور ان کا
جو نہ کرنا تھا ہم نے آہ کیا

○

کیا پلٹ آئیں گے اک روز، نہ آنے والے؟
"یاد آتے ہیں بہت روٹھ کے جانے والے"

شمع پروانوں سے با دیدۂ نم کہتی تھی
خود بھی جل جاتے ہیں اوروں کے جلانے والے

صرف زخموں پہ نمک پاشی سے ان کو مطلب
کیسے بے رحم ہیں ظالم ہیں زمانے والے

جس کو چاہیں اسے رسوا سرِ بازار کریں
ایسی بے پر کی اڑاتے ہیں اڑانے والے

وہ جو راہوں میں میری خار بچھا دیتے تھے
آج تربت پہ ہیں کیوں پھول چڑھانے والے

طاہرہ، اہلِ وفا رہ گئے مجرم بن کر
فائقِ وقت ہوئے تیر چلانے والے

○

خزاں کے دور میں اور موسمِ بہار کی بات
چلی فضاؤں میں پھر ان کے انتظار کی بات

عداوتوں کے سندیسے قصیدے طعنوں کے
کبھی نہ سننے میں آئی کہیں بھی پیار کی بات

ہزار چاہا نہ رسوا ہو اپنی وحشتِ دل
اڑی ہواؤں میں دامانِ تار تار کی بات

نہ ڈبڈبائیں میری آنکھیں ان کے نام کے ساتھ
نہیں ہے طاہرہ یہ میرے اختیار کی بات

آگیا، آنا تھا طوفانِ بلا آخرِ شب
کچھ دعاؤں سے بھی حاصل نہ ہوا آخرِ شب

شمع خاموش ہوئی ڈوب گیا چاند کا دل
بزم سے کون اُٹھا کون چلا آخرِ شب

لاکھ ناقوس کی لے، لاکھ مؤذن کی صدا
محوِ غفلت تو مگر محو رہا آخرِ شب

رات بھر در پہ لگائے ہوئے آنکھیں تھا کوئی
صرف تنہائی کا انعام ملا آخرِ شب

صبح دم لے کے صبا نکہتِ گُل آئے گی
یوں پپیہے نے کئی بار کہا آخرِ شب

زندگی دردِ محبت کے سوا کچھ بھی نہیں
آخرش طاہرہ یہ راز کھلا آخرِ شب

○

تھی کسے فرصت کہ کاندھا دے کوئی روتے ہوئے
خود جنازہ لے گئے اپنا چل پڑے ہنستے ہوئے

ہم کبھی گزرے تھے اس بستی سے جیسے خواب میں
کس قدر اب اجنبی ہیں راستے دیکھے ہوئے

ہائے قسمت کتنی صدیاں ڈھونڈھتے بیتیں انھیں
"کون جانے کب ملیں اس بار کے بچھڑے ہوئے"

اب نہ کوئی آرزو ہے اور نہ داغِ آرزو!
شیشۂ دل اس طرح ٹوٹا کہ بس ٹکڑے ہوئے

دفعتاً پھر یاد کس کی آ گئی، تڑپا گئی!
طاہرہ۔ رخسار پر کچھ اشک ہیں مچلے ہوئے

○

کسی نے لُطف فرمایا تو ہو گا
درِ دولت پہ بُلوایا تو ہو گا

مری بربادیوں، پامالیوں کا
فلک نے خود بھی غم کھایا تو ہو گا

خزاں میں بکھرے پتے دیکھنے پر
انھیں میرا خیال آیا تو ہو گا

تڑپ کیا رائیگاں جاتی ہے دل کی
تڑپ کر اُن کو تڑپایا تو ہو گا

چمن میں بُلبلِ رنگیں نوا کو
کسی نے میری رُلوایا تو ہو گا

انھیں کا فیضِ غم ہے میرے فن میں
بہت کچھ کھو کے کچھ پایا تو ہو گا

عذابِ روح سے اب کیا شکایت
مری قسمت کا سرمایہ تو ہو گا

کسی نے طاہرہ مجھ کو مٹا کر
انوکھے پن سے اپنایا تو ہو گا!

○

زندگی کیا تھی؟ بلا ہو جیسے
بد دعا، قہرِ خدا ہو جیسے

پیار کا ایسا ملا ہے بدلہ
پیار کرنے کی سزا ہو جیسے

دلِ ویراں میں ملاقات کا خواب
ریگ میں پھول کھلا ہو جیسے

غمِ دوراں کی بھیانک فریاد
میرے ہی دل کی صدا ہو جیسے

ایک ایسا بھی تبسّم دیکھا
زہر۔ امرت میں ملا ہو جیسے

طاہرہ ان کے تصوّر کی جھلک
نکہتِ موجِ صبا ہو جیسے

○

مدّتوں سے بجھا بجھا ہے دل
پھر بھی جیسے سُلگ رہا ہے دل

دھڑکنوں میں کسی کا نام نہیں
جاگتا ہے کہ سو گیا ہے دل

ہائے وہ دن کہ جب یہ لگتا تھا
پھُول گلشن کا آدھ کھِلا ہے دل

ساری دُنیا کا درد اپنائے
سینے میں درد آشنا ہے دل

دل امانت ہے ایک کافر کی
گرچہ مومن ہے پارسا ہے دل

طاہرہ ، جس میں پیچ وخم تھے ہزار
پھر اسی راستے چلا ہے دل

○

کِسے بیگانہ کہیے کس کو پکارے اپنا
"زندگی سوچ کے سائے میں کھڑی ہے تنہا"

پھول تو پھول ہیں کانٹوں نے بھی مُنہ موڑ لیا
جانِ گلشن تھے کبھی ہم، نہ کوئی پہچانا

دُھندلی پرچھائیاں یادوں کی یکایک اُبھریں
ایسا لگتا ہے تمہیں ہم نے کہیں تھا دیکھا

کسی بے رحم جفاکیش کو سُوجھا ہے مذاق
بعد اک عمرِ تغافل کے ہے اب خط لکھا

طاہرہ آئینے میں چار ہوئیں جب آنکھیں
رُوبرو کون ہے یہ دیکھ کے سکتہ سا ہوا

O

مختصر عمرِ گریزاں ہے ذرا جلد آؤ
منتظر شامِ بہاراں ہے ذرا جلد آؤ

تم سے مل کر کئی صدیاں سی لگی ہیں جیسے
پھر سے ملنا نہیں آساں ہے ذرا جلد آؤ

کاٹنے کھاتی ہیں مگر کٹ نہیں پاتیں گھڑیاں
بڑی لمبی شبِ ہجراں ہے ذرا جلد آؤ

گتھیاں، الجھنیں، ہنگامے عجب عالم ہے
زندگی خوابِ پریشاں ہے ذرا جلد آؤ

طاہرہ، ان سے کوئی کہہ دے زراہِ احساں
ڈوبنے کو دلِ ویراں ہے ذرا جلد آؤ

مجھے مار ڈالا حیات نے میں کروں تو کس کا گِلہ کروں
یہ ازل سے میرا نصیب ہے یہ مرض نہیں کہ دوا کروں

مرے غم کی پوچھو نہ ابتدا مرے غم کی پوچھو نہ انتہا
مرا غم سے گہرا ہے رابطہ میں نشاط لے کے بھی کیا کروں

نہ صنم ملا نہ خدا ملا، مرا راستہ تھا عجیب سا!
کسے پوجوں از رہِ بندگی میں نماز کس کی ادا کروں؟

مرے دل پہ گزریں قیامتیں مرے حال کی تھی کسے خبر
یہ اُصول میرا رہا سدا، پڑے جو بھی مجھ پہ سہا کروں

نہ سلام لاتی ہے اب صبا نہ گھٹائیں کوئی سندیس ہے
وہ کہاں ہیں چٹھیاں طاہرہؔ جنھیں بار بار پڑھا کروں

O

خامشی میں شام کی نکلی ہوں رونے کے لئے
زُلفِ شب میں اشک کے موتی پرونے کے لئے

دامنِ کہسار کی ٹھنڈی ہوائیں مشک بیز
چھیڑتی ہیں رُوح کو بیتاب ہونے کے لئے

جھلملاتے آسماں سے ٹوٹ کر تیرِ شہاب
جا رہے ہیں کس طرف نشتر چبھونے کے لئے

خلوتِ شب میں نکل کر گھر سے ویرانے میں آج
آئی ہوں اشکوں سے زخمِ دل کو دھونے کے لئے

آ رہی ہے طاہرہ صحرا سے رہ رہ کر صدا
چاندنی راتیں نہیں شاعر کے سونے کے لئے

سُنو تو سب کی مگر اپنے دل کی کہہ نہ سکو
اُف اس سے بڑھ کے کوئی اور عذاب کیا ہو گا

وہ اک نگاہ اُڑاتی ہے سر سے ہوش و حواس
تمہاری بزم میں جامِ شراب کیا ہو گا

بہار پھر سے بُلاتی ہے جانبِ صحرا
جُنوں نہیں تو اب اس کا جواب کیا ہو گا

ہماری کشمکشِ زندگی کے قصّے سے
عجیب تر کسی مجنوں کا خواب کیا ہو گا

انھوں نے طاہرہ بالکل ہمیں نہ پہچانا
الٰہی اس سے بڑا انقلاب کیا ہو گا

○

نہ جانے کیوں مجھے بھولے فسانے یاد آتے ہیں
کبھی بے خود بناتے ہیں کبھی پہروں رُلاتے ہیں

یہ آخر ہوگیا ہے کیا مجھے میں خود بھی حیراں ہوں
کلیجہ منہ کو آتا ہے مگر لب مُسکراتے ہیں

نہ پوچھو کس قدر رنگین ہے راتوں کی تنہائی
قمر قصّے سُناتا ہے ستارے گنگناتے ہیں

بہاریں جب پلٹتی ہیں گُلوں کے قافلے لے کر
یہی محسوس ہوتا ہے وہ آتے ہیں وہ آتے ہیں

تجھے عادت ہے ضبطِ غم کی لیکن طاہرہ پھر بھی
تری پلکوں پہ کیوں موتی سے اکثر جھلملاتے ہیں

○

یہ کون آ گیا نظروں میں انتقام لئے
لبوں پہ تلخ تبسم کا اہتمام لئے

کسی کی یاد کو ہم نے کچل دیا تھا مگر
پھر آج آ گئی موجِ صبا، پیام لئے

نہاں تھی تیرگیٔ شب میں چاندنی کی کرن
چمک اٹھا ہے فلک پھر مہ تمام لئے

عجب کشاکش و مستی ہے بزمِ ہستی میں
کہیں پہ تشنہ لبی اور کوئی ہے جام لئے

وہ جس نے طاہرہ بھیجی اجل ہمیں لینے
اُٹھے جہاں سے زباں پر اسی کا نام لئے

ہے زباں سوزِ دل کی زبانِ غزل
داستان عشق کی داستانِ غزل

کس قدر سادگی کس قدر بانکپن
ہے سراپا کوئی ترجمانِ غزل

ہے غزل کی کشش بن گئے خود بخود
دشمنانِ غزل، دوستانِ غزل

کہتے ہیں فارسی کو "زبانِ غزل"
تجربہ ہے کہ اُردو ہے جانِ غزل

طاہرہ کتنی دلکش ہے وہ انجمن
ہوں جہاں چند۔ اک قدردانِ غزل

○

غم بڑھ گیا ہے آپ کو غم خوار دیکھ کر
نظروں میں بے رخی کے عوض پیار دیکھ کر

دنیا کے کام بن نہ سکے عزمِ آزما سوا
حیراں ہوں اس زمانے کی رفتار دیکھ کر

صحرا نوردیوں کی ہے عادت کچھ اس طرح
گھٹتا ہے دم مرا در و دیوار دیکھ کر

کیا خاک وہ سفر ہے نہ ہوں جس میں پیچ و خم
اُٹھتے نہیں قدم رہِ ہموار دیکھ کر

ہاں ۔ طاہرہ حیات بھی بگڑی ہوئی سی ہے
یوں مجھ کو آج جینے سے بیزار دیکھ کر

○

وہ وقارِ فاتحانہ وہ نگاہِ کافرانہ
وہ لبوں پہ مسکراہٹ مری موت کا بہانہ

یہی حاصلِ محبت یہی لازوال نعمت
مری آہِ صبح گاہی مرا نالۂ شبانہ

مری سرکشی کے بدلے مجھے نعمتیں عطا کیں
اُسے بھا گئی ہے شاید یہ ادائے باغیانہ

کوئی فاتحِ قمر ہو کوئی فاتحِ خلا ہو
"جو دلوں کو فتح کر لے وہی فاتحِ زمانہ"

مجھے طاہرہ، ملی ہے کچھ ازل سے ایسی فطرت
نہیں دشمنی کسی سے مرا سب سے دوستانہ

○

خود خزاں بھی پھولوں کا لے کے ہار آتی ہے
حاصلِ خزاں بن کے جب بہار آتی ہے

بھینی بھینی خوشبوئیں دل میں جنبشِ وحشت
کیا بہار آتی ہے کیا بہار آتی ہے

میں نے صحنِ گلشن میں دو ہی صورتیں دیکھیں
یا بہار جاتی ہے یا بہار آتی ہے

میں قفس میں ہوں نالاں کس کو وجد آئے گا
کیوں بہار آتی ہے کیوں بہار آتی ہے

طاہرہ، دلِ ویراں آج پھر غزل خواں ہے
پھر بہار آتی ہے پھر بہار آتی ہے

○

کیا ہو گیا نہ جانے یہ کیا ہو گئے ہیں ہم
جیتے رہیں پھر بھی جیسے فنا ہو گئے ہیں ہم

کل تک جو زندگی تھی خفا ہم سے اے ندیم
اس زندگی سے آج خفا ہو گئے ہیں ہم

جب سے پڑی ہے دل پہ ترے حُسن کی کرن
رنگِ بہار، لُطفِ صبا ہو گئے ہیں ہم

ایسی بھی آئی ہے کبھی اک منزلِ حیات
اپنے سے بھی خود آپ جُدا ہو گئے ہیں ہم

غم نے ہمیں دیا ہے یہ انعام طاہرہ!
ہر دردمند دل کی دوا ہو گئے ہیں ہم

بزمِ دوستاں میں یوں دل مرا رہا تنہا
جس طرح ستاروں میں چاند ہے سدا تنہا

غم کا کچھ سہارا تھا وہ بھی اب نہیں باقی
آج کوئی دنیا میں پھر سے ہو گیا تنہا

چل دیئے مسافر سب، ساحلِ مراد آیا
پار کر کے کشتی کو خود ہے ناخدا تنہا

گُل فشاں بہاریں ہیں اور دردِ تنہائی
میرے ہجو لنے والے کاش آ بھی جا تنہا

یہ نسیمِ آوارہ، کون اس کا ساتھی ہے
طاہرہ، زمانے میں ایک میں ہوں کیا تنہا

○

بیٹھے بیٹھے یاد آئی ایک شامِ رستاخیز
الوداعی وہ نظریں کس قدر تھیں درد آمیز

زہرِ زیست پی کر بھی خوش ہوں اور زندہ ہوں
تلخیاں بھی ہوتی ہیں واقعی نشاط انگیز

دامنِ سحر میں کیوں نکہتوں کا دریا ہے
کیا بکھر گئی ان کی زُلفِ مشک و عنبر ریز

زندگی ہے اک نغمہ، اجنبی، انوکھا سا
خونِ دل کا پیمانہ جب سے ہو گیا لبریز

طاہرہ، تجھے کب سے رفعتیں بُلاتی ہیں
اے اسیرِ خار و گل، اب بھی وقت ہے برخیز

(بقیدِ یک قافیہ سے بھی آزاد غزل)

ہاتھوں سے میرے رنگِ حنا کون لے گیا
دامن سے میرے گُل کی مہک کون لے گیا

حیراں ہوں زعفرانی سی پرچھائیں دیکھ کر
رُخسار سے یہ رنگِ شفق کون لے گیا

آنکھیں وہی ہیں آنکھوں میں افسانے وہ نہیں
آنکھوں سے کیفِ خوابِ حسیں کون لے گیا

سرمایۂ حیات تھا میرا جُنونِ شعر
میری بساطِ شعر و سخن کون لے گیا

اب جانے کیوں کسی سے بھی دلبستگی نہیں
سینے کو چیر کر مرا دل کون لے گیا

ہونٹوں پہ مُہرِ خاموشی، رنگت اُڑی اُڑی
کیوں طاہرہ تمہاری ہنسی کون لے گیا

○

طاہرہ، خاکِ بداماں ہے ہمیشہ کی طرح
آج بھی، چاکِ گریباں ہے ہمیشہ کی طرح

ریت بدلی ہے نہ بدلے گی جنوں کی ہرگز
ہم سفر خارِ مُغیلاں ہے ہمیشہ کی طرح

ایک سایہ سا نظر آتا ہے دل کے نزدیک
ساتھ رہ کر کوئی پنہاں ہے ہمیشہ کی طرح

شکریہ، حال مرا پوچھنے والے تیرا
زندگی اک شبِ ہجراں ہے ہمیشہ کی طرح

سلطنت فقر کی ہے کلبۂ درویشی میں
بوریا، تختِ سلیماںؑ ہے ہمیشہ کی طرح

مُسکراتے ہوئے ہونٹوں کا نہ دھوکا کھانا
آنکھیں میری وہی گریاں ہیں ہمیشہ کی طرح

○

چاند کو دیکھ کے جی جاتا ہے دل
رات کے حُسن کو پی جاتا ہے دل

رقصِ بسمل کی جہاں محفل ہو
ایسے مقتل میں کبھی جاتا ہے دل

ضد پہ جب آئے تو کیا کر بیٹھے
وقت کے زخموں کو سی جاتا ہے دل

دلِ ناداں بھی ہے کیا رندِ خراب
تلخ سے تلخ ہو پی جاتا ہے دل

طاہرہ، جتنا بھی روکا جائے
پاس ایک شخص کے ہی جاتا ہے دل

یوں تو غم مُستقل نہیں ہوتا
زخمِ دل ، مُندمل نہیں ہوتا

جان لیوا ہے پھُول کا موسم
یہ کبھی معتدل نہیں ہوتا

بے وفائی کے ساتھ دعویٔ عشق
مرہمِ جان و دل نہیں ہوتا

درد کی گود کا ہے پروردہ
دل مرا مُضمحل نہیں ہوتا

طاہرہ ، میرے گھر کا اندھیارا
کیوں کہیں مُنتقل نہیں ہوتا

○

کہوں کیا طاہرہ، کھلتی نہیں جیسے زباں اپنی
یہی بہتر ہے ناگفتہ رہے گر داستاں اپنی

ہمارے خون سے مہندی رچائی ہولیاں کھیلیں
نظر پھر بھی نہیں آتیں انھیں رنگ رلیاں اپنی

عروجِ آدمِ خاکی کے کیا کہنے، سبحان اللہ
زمیں سے تا فلک مشہور ہیں بد نامیاں اپنی

کہیں پر فرشِ گُل بن کر کہیں رنگِ شفق بن کر
اُبھر آئی ہیں کس کس رنگ میں پرچھائیاں اپنی

ہزاروں سختیاں جھیلیں بہت کچھ امتحاں آئے
بلندی پر رہی دائم مگر فکرِ جواں اپنی

ابر چھٹتا نہیں، دن نکلتا نہیں، ہجر کی رات آخر کدھر جائے گی
اس سے پہلے بھی آئے کئی حادثے، خیر سے یہ بھی ساعت گزر جائے گی

ہے اشارہ نظر کا بڑا جانفزا پھر بھی ناداں نہیں سب سمجھتے ہیں ہم
ان کی چشمِ فسوں گر سے اُمید ہے وعدہ کر کے وہ یکسر مُکر جائے گی

کیا تڑپتے رہیں ہم ہمیشہ یُونہی، کیا ہمارا نہیں کوئی بھی چارہ گر
آہِ سوزاں بھٹکتی رہے گی سدا۔ کیا کبھی بھی نہ یہ عرش پہ جائے گی

زُلف لہرا کے آئے بہاراں میں وہ۔ الاماں پھر قیامت قریب آئے گی
کتنے فرزانے دیوانے بن جائیں گے یہ بلا، ہائے کس کس کے سر جائے گی

زندگی قید ہے، قید بے قید ہے، ایک دل لاکھ غم کوئی کیسے جئے
گر اسی رنگ میں اور جینا پڑا، طاہرہ، قید میں گھُٹ کے مر جائے گی

○

سارے جہاں میں تُو ہی تو اک رازدار ہے
کہنے کو دُور دُور ہے بیگانہ وار ہے

ملنے کی آرزو کی تڑپ تھی کہ الاماں
ملنے کے بعد اور بھی دل بے قرار ہے

وہ زندگی جو زہر کا پیالہ تھی کل تلک
وہ اب کنول کا پھول ہے رنگِ بہار ہے

ہر جنبشِ نگاہ اشارہ ہے، رمز ہے
ہر لفظ تیرا دوست کلیجے کے پار ہے

○

تیر۔ سینے کے پار کرتے ہیں
واہ۔ کیا خُوب وار کرتے ہیں

آپ اور پوچھتے ہیں میرا مزاج
کیوں مجھے شرمسار کرتے ہیں

پاس اپنے بُلا کے آپ اکثر
اور بھی بے قرار کرتے ہیں

نہ کوئی مدّعا نہ کچھ مقصد
ہم ہیں دیوانے پیار کرتے ہیں

ہم فقیروں پہ سو طرح سے آپ
کرم بے شمار کرتے ہیں

طاہرہ ، صبح اُن کے درشن کا
رات بھر انتظار کرتے ہیں

اُٹھو، ورودِ بہاراں کا اہتمام کرو
قدم قدم پہ چراغاں کا انتظام کرو

ڈرا رہا ہے زمانہ ڈرانے دو لیکن
گُلوں کا فرش بچھاؤ تم اپنا کام کرو

ہے اختیار تمہیں، تم ہو صاحبِ شمشیر
کہوں تو کیسے کہوں یوں نہ قتلِ عام کرو

اٹھاؤ ساز وصراحی وہ آنے والے ہیں
حواس وہوش وخرد آج نذرِ جام کرو

دلوں کا توڑنا آساں ہے کچھ کمال نہیں
جو ہوسکے تو کسی سنگ دل کو رام کرو

خدائے حُسن ہیں وہ طاہرہؔ، گلہ کیسا
جواب دیں کہ نہ دیں پھر بھی تم سلام کرو

چاندنی رات کتنی پیاری رات
بِن تمہارے سے بھاری بھاری رات

صبح کے ساتھ ساتھ آؤ گے
بس اِس اُمید پر گزاری رات

جب سے سپنوں میں تم نہیں آتے
رات ہی رات ہے ہماری رات

رنگ لائے کہیں نہ نزدیکی
روتے گزرے نہ ساری ساری رات

طاہرہ ۔۔ کیا وہ آنے والے ہیں
چاند تاروں نے ہے سنواری رات

○

اے مرکزِ خیال ، خیالوں کو کیا کروں
تیرا خیال دل سے میں کیسے نکال دوں

اب زندگی کی شام بھی ڈھلنے کا وقت ہے
اپنا پتا بتا کہ کہاں تجھ سے آملوں

گلشن میں یوں تو غنچہ و گل کا ہجوم ہے
حصے میں میرے ہے کہ فقط خار ہی چنوں

پختہ ابھی ہوا نہیں ذوق و شعورِ عشق
قسمت کا فیصلہ ہے کہ صدمے ابھی سہوں

تفریح خونچکاں ہے مری شاعری کی دھن
جب بھی کہے ہیں شعر بہایا ہے دل کا خوں

اُن کا وہ ہنس کے پوچھنا ہے یاد آج تک
اے طاہرہ تمہاری ان آنکھوں میں اشک کیوں

○

کیا بتائیں کہ کتنے ہیں مجبور
پاس رہ کر بھی تم سے دُور ہی دُور

ظلمتیں کیوں نہ ہم سے گھبرائیں
ہے کسی کا خیال جلوۂ طور

ساری دنیا خلاف بھی ہو تو کیا
ذات پر ہیں کسی کے ہم مغرور

زندگی تلخیوں کا جام سہی!
پھر بھی ملتا ہے اس سے کیفِ سرور

شیشہ گر کیا تجھے نہیں معلوم
شیشۂ دل ہوا ہے چکنا چُور

طاہرہ قربِ دوست حاصلِ ہجر
کیا ہوا ہم رہے جو دُور ہی دُور

○

آفتاب اور ماہتاب کہاں
رُخ سے سرکی ترے نقاب کہاں

ان کے لطف و کرم نے دل توڑا
وہ غضب اور وہ عتاب کہاں

ہم سے جنّت کی بات کر واعظ
خوفِ دوزخ کہاں عذاب کہاں

موت ہے دل کی آرزوئے طرب
لذّتِ دردِ بے حساب کہاں

داغِ عصیاں بہت میں دھو ڈالیں
"ساقیا، آ شرابِ ناب کہاں"

○

دل و نظر کا تماشا بنائے بیٹھے ہیں
جو تیرے نام کی دھونی رمائے بیٹھے ہیں

نہ جانے کون سا مہتاب آنے والا ہے
ستارے بزم جو اپنی سجائے بیٹھے ہیں

یہ راز "راز" ہے اس کی تجھے خبر کیا دوست
ہم اپنے دل میں تجھ ہی کو چھپائے بیٹھے ہیں

جنھیں تلاش کیا جا رہا تھا مدّت سے
وہ اپنی بزم میں مدّت سے آئے بیٹھے ہیں

انھیں کی جیت انھیں کا ہے حق بہاروں پہ
ہجومِ غم میں جو غم کو بھلائے بیٹھے ہیں

ہماری آہ میں شامل ہوئی خوشی کیسے
دلِ فسردہ میں احساسِ تازگی کیسے

خزاں تو موت کے نغمے سُنا رہی ہے مگر
خزاں کی گود میں اک اَدھ کھلی کلی کیسے

بہار آئی بھی رخصت بھی ہو گئی لیکن
جنوں کی فصلِ بہاراں میں بے حسی کیسے

گزارنا ہے بہر حال کٹ ہی جائے گی!
ترے بغیر مگر دوست زندگی کیسے

ہمیں تو آپ سے مطلق گِلہ نہیں پھر بھی
نظر یہ آپ کی آخر جھکی جھکی کیسے

مسیحا نے ہی گھائل کر دیا ہے
خیالِ زیست زائل کر دیا ہے

کرم فرمائیاں تیری سلامت
زمانے بھر کو سائل کر دیا ہے

کسی بیدرد نے یوں درمیاں کیوں
حجابِ حُسن، حائل کر دیا ہے

بشر کی عرش تک جولانیوں نے
خدا کا اب تو قائل کر دیا ہے

تبسم نے کسی کے طاہرہ پھر
مجھے نغموں پہ مائل کر دیا ہے

دلاسا دے کے مجھ کو پُرسشِ غم کرنے والے ہیں
نہ جانے آخرش کیوں فکرِ مرہم کرنے والے ہیں

ہزاروں بار مر جاؤں ہزاروں بار جی اُٹھوں
سُنا ہے لاش پر میری وہ ماتم کرنے والے ہیں

کچھ اس انداز سے بکھری ہیں زلفیں روئے روشن پر
نظامِ دوجہاں گویا وہ برہم کرنے والے ہیں

نگاہِ قہر بھی دھوکا کبھی دیتی ہے کیا کیا کچھ!
گماں ہوتا ہے جیسے لطفِ پیہم کرنے والے ہیں

کہاں تک رنجِ دوراں سے نبھائیں گیت گا گا کر
شکایت طاہرہ، اب ہم بھی کم کم کرنے والے ہیں

کس کو تڑپائے گی ماتھے کی شکن میرے بعد
دیکھ کر کون تجھے ہو گا مگن میرے بعد

مجھ سا دیوانہ و دلدادہ و دل خوش نہ ملا
یاد کرتے ہیں مجھے دار و رسن میرے بعد

میرے اشعار میں شامل ہے مرا خونِ جگر
رنگ لائے گا مرا رنگِ سخن میرے بعد

مجھ سے ہے میرے وطن میرے چمن کی زینت
سُونا سُونا نظر آئے نہ وطن میرے بعد

طاہرہ ، یاد کریں گے مجھے گاہے گاہے
اہلِ دل ، اہلِ قلم ، اہلِ سخن میرے بعد

O

وہ خود بھی رو دیئے آخر رُلا کے
نئے انداز ہیں یہ بھی جفا کے

کبھی چُھپ کر قیامت ڈھا گئے وہ
کبھی تڑپا گئے، جلوہ دکھا کے

چمن میں پھر سے ہے جشنِ بہاراں
قفس میں رہ گئے ہم پھڑپھڑا کے

کِسے بتلائیں کیا گزری ہے دل پر
پیئے ہیں کتنے آنسو مُسکرا کے

بہت کچھ ہو چکی خدمت بُتوں کی
ذرا دیکھو خدا سے لَو لگا کے

نہیں اے طاؔہرہ اک تو ہی گریاں
سہے ہیں ہم نے بھی صدمے بلا کے

غم سے سوزِ حیات باقی ہے
رونقِ کائنات باقی ہے

نور سے بھی نہ مٹ سکی ظلمت
بجھ گئی شمع رات باقی ہے

پیاسے ہونٹوں کی داستاں کہنے
ہو ئیں صدیاں، فرات باقی ہے

زندگی جیسی ہے غنیمت ہے
ابھی راہِ نجات باقی ہے

شبِ غم کی سحر نہ ہو جائے
چاند تارے ہیں رات باقی ہے

ایک غم ہے کہ ہے میرا ہمدم
اس کے دم سے حیات باقی ہے

اور گنجائشِ کرم ہے ہنوز؟
اور کچھ التفات باقی ہے

ابھی آنکھوں میں اشک باقی ہیں
ابھی آبِ حیات باقی ہے

طاہرہ، جو بھی ہے وہ ہے فانی
صرف اک اس کی ذات باقی ہے

O

○

دیارِ دوست کو اشکوں سے لالہ زار کریں
دلِ حزیں کو ذرا اور سوگوار کریں

پھر ایک بار طوافِ حریمِ یار کریں
جنونِ شوق میں دامن کو تار تار کریں

سجائیں محفلِ یادِ حبیب دھوم کے ساتھ
بہائیں خونِ جگر، تازہ یادِ یار کریں

وہ شہرِ آرزو مدفن ہے جو بہاروں کا
اُسی چمن میں چلیں جشنِ یادِ یار کریں"

نمازِ نیم شبی ہو کہ ہو وہ رنگِ غزل
ہر ایک رنگ میں لازم ہے یادِ یار کریں

وہ رہ گذر کہ جہاں سے کبھی وہ گزرے تھے
وہیں پہ طاہرہ، پھر ان کا انتظار کریں

○

دل بہلتا نہیں بہاروں میں
کیوں اُداسی ہے لالہ زاروں میں

رات کیوں اس قدر اندھیری ہے
روشنی کیوں نہیں ستاروں میں

وہ ہمالہ کی شامِ کیف آگیں
لُطفِ فردوس تھا نظاروں میں

بہ بربطِ حور کی سنہری گت
رقص کرتی تھی آبشاروں میں

آنکھ میں میری آگئے آنسو
یاد آئی تری بہاروں میں

طاہرہ مٹ چکا ہے نام و نشاں
پھر بھی یکتا ہیں ہم ہزاروں میں

○

جنونِ عزم جواں، نسلِ نو جواں میں نہیں
حرارتِ گل زر بزمِ گل رخاں میں نہیں

قفس میں ہم تھے نشیمن تھا برق کی زد میں
بھری بہار میں کیا تھا، جو اب خزاں میں نہیں

ہمارے خون سے لکھی گئی کتابِ چمن
ہمارا نام کہیں پھر بھی داستاں میں نہیں

وہ زندگی جو مسلسل حیات ہو، بے لطف
سرور و کیف و کشش عمرِ جاوداں میں نہیں

زبانِ شعر و سخن سے بھی حق ادا نہ ہوا،
تڑپ جو دل میں ہے وہ طاہرہ بیاں میں نہیں

○

پچھلے پہر پپیہا کہیں بولتا رہا
سوئی ہوئی فضا میں شکر گھولتا رہا

رنگینیٔ بہار میں جب یاد آئے وہ
پلکوں پہ کوئی لعل و گہر، رولتا رہا

بازارِ زندگی میں ہمارا دلِ حزیں
دنیا کے سارے رنج و الم مولتا رہا

اس طائرِ اسیر کی ہمّت کو مرحبا
کنجِ قفس میں رہ کے جو پَر تولتا رہا

تنہائیوں میں طاہرہ جنّت سی مِل گئی
ان کا خیال حل کے قریں ڈولتا رہا

سکون مانگا تھا، بے تابیاں نہ مانگی تھیں
خدا سے ہم نے تو بربادیاں نہ مانگی تھیں

بڑے ہی شوق سے شمعیں جلائی تھیں دل نے
رہِ حیات میں تاریکیاں نہ مانگی تھیں

نہ جانے کونسی تقصیر پر ملی یہ سزا
شعور و عقل کی گہرائیاں نہ مانگی تھیں

ہمیں بھی طاہرہ! احساسِ لالہ و گُل تھا
تمام عمر کی ویرانیاں نہ مانگی تھیں

○

گھبرایا نہ سُولی سے بھی دیوانہ سا اک شخص
انگشت بہ دنداں رہا فرزانہ سا اک شخص

آنکھیں ہیں شرابی تو تبسّم ہے گلابی
تفسیرِ مئے و مینا ہے مستانہ سا اک شخص

پابندِ مراسم نہیں آزاد غمِ دل
اک فاتحِ عالم ہے وہ شاہانہ سا اک شخص

محسوس یہ ہوتا ہے کہ اپنا ہی کوئی ہے
کہنے کو تو کہلاتا ہے بیگانہ سا اک شخص

کل تک جو صراحی بہ کف و نغمہ بلب تھا
کیوں آج نظر آتا ہے ویرانہ سا اک شخص

معلوم نہیں طاہرہ، کیا نام ہے اس کا
سب لوگ اسے کہتے ہیں دیوانہ سا اک شخص

محفلِ حسیناں میں آپ کی تھی جا خالی
کُل جہانِ رعنائی جیسے ہو گیا خالی

کیف نکہت و نغمہ، لطفِ رقص و موسیقی
آپ کے نہ ہونے سے سب ہی کچھ رہا خالی

سوزِ دل نہ تھا کامل ورنہ حشر مچ جاتا
آہ، بے اثر کیسی؟ کیوں گئی دُعا خالی

فرشِ پا گل کی زینت تھے باشعور فرزانے
دار پر نظر آیا ایک منچلا خالی

مرے دل کے کیا کہنے اک چراغ ہے ایسا
جو کہ بزمِ ہستی میں رات دن جلا خالی

جی رہے ہیں جینے کو یوں تو طاہرہ ہم بھی
زندگی کا پیمانہ کب کا ہو چکا خالی

موت کیا راز ہے بتلاؤ کہ کچھ رات کٹے
گتھیاں زیست کی سلجھاؤ کہ کچھ رات کٹے

کس طرح کاٹے کوئی ایسی اندھیری راتیں
میرے سپنوں ہی میں آجاؤ کہ کچھ رات کٹے

وہ جو افسانہ سنایا تھا کبھی نظروں سے
اُسی افسانے کو دہراؤ کہ کچھ رات کٹے

یہ شبِ ماہ، یہ مہکا ہوا صحنِ گلشن
کیوں نہ ایسے میں چلے آؤ کہ کچھ رات کٹے

رات خاموش مہکتا ہوا صحنِ گلشن!
طاہرہ، سپنوں میں آجاؤ کہ کچھ رات کٹے

یہ کیا ستم ہے کسی کو کسی سے پیار نہیں
کہیں خلوص نہیں کوئی غم گسار نہیں

ہزار بار جلا، دل، مگر سحر نہ ہوئی
ہمیں زمانے سے اب کوئی انتظار نہیں

قدم قدم پہ ملیں گے گُل نظر افروز
خزاں کے دور میں اندازہ بہار نہیں

ہماری شاعری بے اختیار جذبہ ہے
ہماری شاعری لفظوں کی لوٹ مار نہیں

کسی نے طاہرہ بھیجا ہے پھر پیام وسلام
ہمیں اب ایسے فسانوں پہ اعتبار نہیں

مہلتِ حُسن ہے کتنی گُلِ تر سے پوچھو
زندگی رقص ہے کیا رقصِ شرر سے پوچھو

خارِ ہجراں کی کھٹک درد محبت کی کسک
کسی عاشق، کسی شاعر کے جگر سے پوچھو

حُسن میں ڈوبی ہے کس درجہ ستاروں بھری رات
چشم فن کار کی پروازِ نظر سے پوچھو

زیست کچھ کھیل نہیں کھیل نہیں کھیل نہیں
کس طرح رات کٹی شمعِ سحر سے پوچھو

خاک مہکی سی معطر سے ہوا کے جھونکے
کون گزرا ہے مگر، راہ گزر سے پوچھو

طاہرہ، اپنا تعارف میں بھلا کیسے کردوں
اہلِ دل، اہلِ قلم، اہلِ نظر سے پوچھو

بازارِ جہاں میں لالہ رُخاں کیا چاہتے ہیں کیا ملتا ہے
کچھ تو ہی بتا چشمِ نگراں کیا چاہتے ہیں کیا ملتا ہے

پیتا ہے کوئی جینے کے لئے جیتا ہے کوئی پینے کے لئے
انجام سے غافل بے خبراں کیا چاہتے ہیں کیا ملتا ہے

غنچوں کا تبسم گل کی ہنسی ہم لینے گئے تھے گلشن میں
ہے خون جگر آنکھوں سے رواں کیا چاہتے ہیں کیا ملتا ہے

جنت کی طلب میں شیخِ حرم دنیا کو بناتے ہیں دوزخ
کھل جائیگا اک دن رازِ نہاں کیا چاہتے ہیں کیا ملتا ہے

زاہد کی جبیں اور دارُ غِ ریا، رندوں کی جبیں سجدوں کے نشاں
ہے عقلِ بشر حیراں حیراں، کیا چاہتے ہیں کیا ملتا ہے

اے طاہرہ، ہم نے بھی تو کبھی اک سُندر سپنا دیکھا تھا
تعبیر ملی، رنجِ دوراں، کیا چاہتے ہیں کیا ملتا ہے

○

ان کا لطف و کرم رہے نہ رہے
یادگارِ ستم رہے نہ رہے

آج تک غم رہا ہے مونسِ جان
کیا خبر کل یہ غم رہے نہ رہے

آپ کی بزم خود ہی جنّت ہے
اس کا کیا غم کہ ہم رہے نہ رہے

دل تو روتا ہے چھُپ کے سینے میں
آنکھ ظاہر میں نم رہے نہ رہے

کعبہ بھی بُت کدے کا مظہر ہے
اس میں کوئی صنم رہے نہ رہے

موت سے کیوں نہ کھیلیں جی بھر کے
طاہرہ، یہ جنم رہے نہ رہے

یہ کائنات مگر محفلِ حبیب نہیں
کہیں بھی جلوؤں میں تمہا نہیں غریب نہیں

دلِ عوام نے اکثر مجھے پکارا ہے
یہ وہ مقام ہے شاہوں کو بھی نصیب نہیں

میں ایک شاعرِ شوریدہ سر سہی لیکن
فریب و مکرِ تقدس مرے قریب نہیں

مجھے گناہ سے نفرت گناہ گار سے پیار
مری نگاہ میں انسان بدنصیب نہیں

نفس نفس مرا مہکا ہے بوئے الفت سے
کوئی عدو نہیں میرا کوئی رقیب نہیں

کسی نے طاہرہ منہ پھیر کے سلام لیا
یہ التفاتِ تجاہل مگر عجیب نہیں

○

یاد تمہاری صبحِ بہاراں
پھر بھی ہیں پلکیں بوجھل لرزاں

صحرا صحرا ، ویراں ویراں
سی لیا میں نے چاکِ گریباں

آپ ہیں زینتِ شاخِ گلستاں
کانٹوں میں اُلجھا میرا داماں

خُوگرِ غم ہوں میں تو ازل سے
آپ نہ ہوں للّٰہ پشیماں

کتنا ہے آساں توڑنا دل کا
ترکِ محبّت یوں نہیں آساں

پوچھو نہ مجھ سے میری کہانی
میں ہوں خود اپنا خوابِ پریشاں

○

آتما مندر گھُپ اندھیارا
کعبۂ دل ہے ویراں ویراں

کھوٹ ہے دل میں لب پہ تبسم
آج کا انساں نام کا انساں

آپ مگن ہوں اپنی دمک سے
چاند نہ جانے فصلِ زمستاں

اب کسے ڈھونڈوں اب کسے پاؤں
میں بھی ہوں حیراں وہ بھی ہیں حیراں

دل کی ہے محفل زخموں سے جگمگ
خوب مناؤ جشنِ چراغاں

طاہرہ اپنی ذات سے ہٹ کر
کچھ تو سنوارو گیسوئے دوراں

○

چاہت کے باوجود نہ اونچی ہوئی نظر
اک آدمی ہے ہائے فرشتہ کہیں جسے

دردِ فراق ہے وہ عطیہ کہ بے جھجک
روزِ ازل سے اپنا نوشتہ کہیں جسے

پوچھو نہ میرا نام و نشاں اہلِ کارواں
اک ایسا آئینہ ہوں شکستہ کہیں جسے

وہ مجھ سے دُور رہ کے بھی ہے اس قدر قریب
دائم رواقِ دل میں نشستہ کہیں جسے

باقی ہیں چند یادیں سلگتی سی آج بھی
سرمایۂ حیات برشتہ کہیں جسے

ذوقِ سلیم ہر کس و ناکس کا حق نہیں
عنقا ہے ہاں مذاق خجستہ کہیں جسے

یوں میری سرگزشت کریدو نہ طاہرہ
لکھنا ہے لکھو خوں سے گزشتہ کہیں جسے

شوخیٔ تقدیر دیکھو چارہ گر پتھر ہوئے
میرے ساتھی میرے سنگھی عمر بھر پتھر ہوئے

پتھروں کے شہر میں کس کو سناؤں حالِ دل
کتنے ہی خوش رنگ ہوں پتھر مگر پتھر ہوئے

میں نے اپنے دل میں پتھر رکھ لیا کچھ سوچ کر
راہزن تو راہزن جب راہبر پتھر ہوئے

پتھروں سے میرا رشتہ اس قدر ہے استوار
پھول بھی آئے کہیں جو میرے گھر پتھر ہوئے

کون کرتا دستگیری کون کس کا تھا ندیم!
راستے میں زندگی کے ہم سفر پتھر ہوئے

گُل فشاں تھے بزم میں موجِ بہاراں کی طرح
دفعتاً میری طرف جب کی نظر پتھر ہوئے

پتھروں سے طاہرہ کیسے کرے کوئی گریز
بُت کدہ ہو یا ہو کعبہ جلوہ گر پتھر ہوئے

○

باقی نہ کوئی غم رہا غم اس قدر ملے
اب ہے یہی دعا نہ کوئی چارہ گر ملے

ان کی نگاہِ ناز سے جب سے نظر ملی
ایمان و دیں کے مسئلے زیر و زبر ملے

کچھ اس میں لطفِ خاص ہے کچھ اور ہی ہے شان
ناکامیوں کے بعد جو فتح و ظفر ملے

رنگینیٔ حیات کا مقصد یہی ہے دوست
جامِ مئے نشاط میں خونِ جگر ملے

مدت سے تھی تلاش کسی خضرِ راہ کی
جو بھی ملے ہماری طرح بے خبر ملے

اکثر ادیب و شاعر و فن کار دہر میں
آشفتہ سر، طپیدہ جگر، دربدر ملے

حصہ نہیں یہ ہر کس و ناکس کا طاہرہ!
یہ ہے خدا کی دین جو ذوقِ نظر ملے

○

نذرِ مخدوم

کیوں بُلا بھیجا ہے پھُولوں نے گلستانوں سے
بس گیا جو، وہ پلٹتا نہیں ویرانوں سے

دل لگی ہو جھی ہے پھر بادِ صبا کو شاید
نکہتیں لائی ہے بھولے ہوئے افسانوں سے

ظلمتوں ہی کے سبب نُور ہوا تھا پیدا
ہے اُجالا انھیں بھٹکے ہوئے انسانوں سے

آپ ہیں خندۂ گُل، صبح بہاراں کی بہار
کوئی نسبت ہی نہیں چاکِ گریبانوں سے

اپنے اپنوں ہی پہ کرتے ہیں کرم فرمائی
کچھ اُمیدیں ابھی وابستہ ہیں بیگانوں سے

طاہرہ اپنی پسند، اپنی نظر، اپنا خیال
دلِ مجنوں کو کشش کیوں ہے بیابانوں سے

○

نہیں ملتا سکون کا مسکن
زندگی روز روز کی اُلجھن

ترکِ دنیا نہیں مگر آساں
یہ زلیخا نہ چھوڑے گی دامن

کبھی اک پھول میں نے توڑا تھا
آج تک نوکِ خار کی ہے چبھن

اپنے ہی آپ سے ہوں سرگرداں
خود مری ذات خود مری دشمن

کس قدر اجنبی سا چہرہ ہے
سخت حیراں ہوں دیکھ کر درپن

آشیاں میرا جل چکا کب کا
کیا کروں یادِ رنگ و بوئے چمن

اہلِ دل اب بھی چند باقی ہیں
طاہرہ، زندہ باد ارضِ دکن!

O

مُسلسل تلخیاں ہی تلخیاں ہیں میرے حصّے میں
ازل سے بے سرو سامانیاں ہیں میرے حصّے میں

جہاں میں یوں تو پھُولوں کے بھی ہیں انبار بجا دوں میں
مگر پُرخار ہی سب وادیاں ہیں میرے حصّے میں

گریباں چاک، بکھرے بال ، دامن خاک آلودہ
جُنوں کی کُل پریشاں حالیاں ہیں میرے حصّے میں

بہا کرتے ہیں اکثر اشک بن کر پارہ ہائے دل
شفق کی طرح خوں آشامیاں ہیں میرے حصّے میں

تڑپنا، آہ بھرنا ، گنگنانا ، وحشتِ پیہمائی
دل شاعر کی کچھ رنگینیاں ہیں میرے حصّے میں

سکون وعیش کا جینا ہے مرگِ اہلِ دردِ دل
خدا کا شکر ہے بے تابیاں ہیں میرے حصّے میں

جھکایا سر نہ میں نے طاہرہ ، پامال ہو کر بھی
یہ کیا کم ہے بلند اقبالیاں ہیں میرے حصّے میں

O

جانے کیوں بیٹھے بٹھائے خود ہی جل جاتے ہیں لوگ
بات یوں کرتے ہیں جیسے آگ برساتے ہیں لوگ

اپنی یادیں بھیج دیتے ہیں ستانے کے لئے
کیوں مری محفل میں آخر خود نہیں آتے ہیں لوگ

قدر جیتے جی نہیں ہوتی، یہی دستور ہے
گُن گِنے جاتے ہیں اکثر جب کہ مر جاتے ہیں لوگ

ایک بھی حرفِ تسلّی باعثِ تسکیں نہیں
کس لئے آ آ کے میرے دل کو بہلاتے ہیں لوگ

چھیڑتے ہیں کیوں مری محرومیوں کی داستاں
میرے زخموں پر نمک پاشی سے کیا پاتے ہیں لوگ

مدّتوں سے زُلفِ گیتی اُلجھنوں کا ہے شکار
اس کو سلجھانے کے بدلے اور اُلجھاتے ہیں لوگ

طاہرہ، ہم کو شکستِ فاش پر بھی غم نہیں
کامیابی پر ذرا سی کتنا اِتراتے ہیں لوگ

○

کل رات میرے خواب میں آ کر چلے گئے
خود مُسکرا کے مجھ کو رُلا کر چلے گئے

میں نے تو اُن کو بڑھ کے بُلایا نہ تھا کبھی
وہ خود ہی آئے خود ہی وہ آ کر چلے گئے

یہ تو نہیں ہے یاد کہ کیا گفتگو ہوئی
ہاں، زیرِ لب، غزل سی سُنا کر چلے گئے

خُوش رنگ پیرہن کی پھبن زُلف کی مہک
اطراف جیسے پھول کِھلا کر چلے گئے

نظروں میں پیار بھی تھا عداوت بھی اور گِلہ
ہلچل سی میرے دل میں مچا کر چلے گئے

میں نے کیا تھا عہد نہ اُن سے کبھی مِلوں
میرا مگر مذاق اُڑا کر چلے گئے

ڈھایا ستم ہے طاہرہ پھر اُن کی یاد نے
ہائے وہ کیسا جادو جگا کر چلے گئے

○

رُسوا ہوئے، مَر مَر کے جئے آپ کی خاطر
کیا کیا نہ جتن ہم نے کئے، آپ کی خاطر

پھولوں کے بھی انبار تھے گلزارِ جہاں میں
آغوش میں کانٹے ہی لئے آپ کی خاطر

شکوہ نہ شکایت نہ کبھی آہ نہ نالہ!
بُت بن گئے، لب اپنے سیئے آپ کی خاطر

لبریز تھے جو خون سے خود دل کے ہمارے
ایسے بھی کئی جام پیئے، آپ کی خاطر

کیا کیا نہ گوارا کیا، کیا کچھ نہ سہے غم
دشنام نہ دشمن کو دیئے آپ کی خاطر

معلوم ہے ہم کس طرح دُنیا سے سدھارے
سینے میں کئی داغ لئے آپ کی خاطر

کیوں طاہرہ، بڑھتا گیا قسمت کا اندھیرا
روشن کئے سو بار دیئے آپ کی خاطر

(نذرِ مخدوم)

زندگی نار بھی، زندگی نور بھی زندگی ہے عجب داستاں دوستو
زندگی کا معمہ نہ حل ہو سکا کوششیں سب ہوئیں رائگاں دوستو

زندگی جو بھی ہے قیدِ دائم نہیں اس کی مدت بھی ہے اس کا مقصد بھی ہے
ہے غنیمت یہ دم مسکرا لو ذرا، فرصتِ زندگی پھر کہاں دوستو

پہنے پائلِ عروسِ بہار آگئی رنگ و نکہت کا طوفاں جلو میں لئے
یاد میں پھر کسی کی تڑپتا ہے دل آج آنکھیں ہیں پھر خونچکاں دوستو

آسماں، رفعتیں سب ہیں زیرِ قدم، دل میں عزمِ سفر ہو اگر موجزن
کیوں نہ آگے بڑھیں شادماں منتظر کب سے ہے کہکشاں دوستو

تیرو نشتر کے غم سہے چپ رہے خونِ دل کے سدا ہم نے پیالے پیے
کچھ نہ پوچھو کہ کیسے کٹی زندگی، الاماں الاماں الاماں دوستو

شب کی آغوش میں صبح پلتی ہے کیوں، کیوں اجالوں میں رہتی ہیں پرچھائیاں
کس سے پوچھے کوئی رازِ، رازِ نہاں کون سلجھائے یہ گتھیاں دوستو

دشت پُر خار ہے یہ گلستاں نہیں طاہرہ پھر بھی یوں کہہ رہا ہے کوئی
"زندگی موتیوں کی ڈھلکتی لڑی، زندگی رنگِ گل کا بیاں دوستو"

○

نشترِ غم کی چبھن ہو تو غزل ہوتی ہے
دل کے زخموں میں جلن ہو تو غزل ہوتی ہے

دین و دنیا کے جھمیلوں سے بکھیڑوں سے پرے
کوئی اپنے میں مگن ہو تو غزل ہوتی ہے

چاندنی رات کی تنہائی خواب آگیں میں
مہکا مہکا سا چمن ہو تو غزل ہوتی ہے

چشمِ فن کار سے دیکھے کوئی دنیا کی طرف
حُسن کے دل میں لگن ہو تو غزل ہوتی ہے

یوں تو ہونٹوں کا تبسم بھی ہے اک قوسِ قزح
ان کے ماتھے پہ شکن ہو تو غزل ہوتی ہے

گنگناتا ہے کوئی وجد میں آتا ہے کوئی
محفلِ اہلِ سخن ہو تو غزل ہوتی ہے

صبحِ کشمیر بھی بے کیف سی ہوتی ہے مگر
طاہرہ، شامِ دکن ہو تو غزل ہوتی ہے

افسانۂ حیات کا عنواں بنے ہیں ہم
بزمِ جہاں میں شمعِ فروزاں بنے رہیں ہم

ویرانیٔ دوام کا عالم نہ پوچھیے
مر کر بھی گردِ خاکِ بیاباں بنے ہیں ہم

ظاہر میں غم نصیب ہیں لیکن ہیں خوش نصیب
دل کی شکست ہی سے تو انساں بنے ہیں ہم

جھکتے نہیں سکندر و دارا کے سامنے
شانِ قلندری کے نگہباں بنے ہیں ہم

جچتا نہیں نگاہ میں جامِ جہاں نما
کہنے کو گرچہ بے سر و ساماں بنے ہیں ہم

شعلوں میں زندگی کے ملی اور زندگی
آتش نو ، بہار بداماں بنے ہیں ہم

ہم طاہرہ ، عظیم ہیں ہم فخرِ کائنات
جو فاتحِ خلا ہے وہ انساں بنے ہیں ہم

(نذرِ نماوما)

بے جگر، تیشہ بہ کف، برقِ تپاں ہیں کچھ لوگ
عہدِ پیری میں بھی اسے زورِ جواں ہیں کچھ لوگ"

نوحہ خواں خاک بسر تشنہ لباں ہیں کچھ لوگ
نغمہ زن، رقص کناں بادہ کشاں ہیں کچھ لوگ

نہ پتہ اپنا بتایا نہ کوئی خط بھیجا
سنگ دل، باعثِ غم، آفتِ جاں ہیں کچھ لوگ

غمِ دوراں میں مگن، فرقتِ جاناں میں مگن
تلخیٔ زیست پہ یوں خندہ کناں ہیں کچھ لوگ

کچھ تو ایسے ہیں جو ظلمت کے سوا کچھ بھی نہیں
نور ہے رنگ ہے نگہت ہے جہاں ہیں کچھ لوگ

ابھی پاتال سے باہر نہیں نکلے کتنے
ماہ سے آگے بھی پرواز کناں ہیں کچھ لوگ

طاہرہ، اب بھی دکن مرکزِ فکر و فن ہے
اہلِ دل اہلِ نظر اہلِ زباں ہیں کچھ لوگ

تم چلے آئے ہو کیوں پھر دلِ ویراں کے قریب
کہیں رہتی ہے، بہاراں بھی بیاباں کے قریب

خیر ہو خیر، بھیانک تو بڑا تھا سپنا
شعلے اُٹھتے ہوئے دیکھے ہیں گلستاں کے قریب

ابر بھی چھایا، ہوائیں بھی چلیں، گُل بھی کھِلے
پھر بھی پہنچے نہ مرے ہاتھ گریباں کے قریب

ہائے یہ کُنجِ قفس اور یہ خُوش بوئے چمن
قاصدِ گُل تو نہیں ہے درِ زنداں کے قریب

یہ بھی کچھ خارِ مغیلاں کی عنایت کم ہے
کون آتا ہے کسی خاک بداماں کے قریب

جن کے سینے میں دھڑکتا ہے دلِ نغمہ و شعر
وہ رہا کرتے ہیں اکثر غمِ دوراں کے قریب

طاہرہ! آمدِ ہنگامِ مسیحا تو نہیں
درد بڑھ جاتا ہے کچھ اور بھی درماں کے قریب

○

آنکھیں جو کُھلیں دل کی تو کیا کیا نظر آیا
ہر ذرّے میں انداز انوکھا نظر آیا

سُورج کی کرن ہنتِ قمر نام تھے اپنے
آئینہ جو دیکھا تو اندھیرا نظر آیا

گُلفام قباؤں میں ملے کتنے ہی کانٹے
کانٹوں میں بہاراں کا نظارہ نظر آیا

ایسا بھی ہوا ہے کبھی تاریکیٔ شب میں
نقشِ قدمِ دوست چمکتا نظر آیا

یہ دَور بھی کیا دَور ہے بے کیفیٔ دل کا
مجنوں نہ کہیں ناقۂ لیلیٰ نظر آیا

یہ دوست وہ دشمن ہے یہ اچھا وہ بُرا ہے
آنکھیں جو کھلیں نظروں کا دھوکا نظر آیا

اب طاہرہ، دنیا میں کروں کس پہ بھروسہ
اپنا تھا جو وہ بھی تو پرایا نظر آیا

نہ تو دیر میں ٹھکانا، نہ حرم کے ہوں میں قابل
تو جہاں ہے بس وہاں ہے میری بندگی کی منزل

مجھے کچھ خبر نہیں ہے کہ حیات و موت کیا ہے
تو ہی جانِ زندگی ہے تو ہی زندگی کا حاصل

ہے غضب کی میری جرأت کہ لگایا تجھ سے ناطہ
مرا عشق نامکمل، تیرا حُسن، حُسنِ کامل

ہیں بلندیاں بھی چھوتی کبھی جھک کے پستیوں کو
تجھے تیری ہی قسم ہے کبھی مجھ سے تو بھی آ مل

تو اگر دکھادے جلوہ، تو نقاب اگر پلٹ دے
وہ خدا کا ہوگا قائل جو نہ ہو خدا کا قائل

مجھے کون پھر سنبھالے جو نہ تو کرے توجہ
مرے جاں ستاں مسیحا، مرے دل نواز قاتل

نہ تو فکرِ چارہ سازی نہ کوئی پیامِ شیریں
کبھی اک نظر ادھر بھی دلِ طاہرہ ہے بسمل

حشر تک تیری جستجو ہوگی
عمر بھر تجھ سے گفتگو ہوگی

تیری نظروں سے جب ملے گی نظر
کچھ ادھوری سی گفتگو ہوگی

کس نے تڑپا دیا یکایک پھر
یادِ محبوب، صرف تو ہوگی

وہ جو آئیں تو خار زاروں میں
مجلسِ نور و رنگ و بُو ہوگی

رنگ لائے گا میرا خونِ جگر
یہ کہانی تو کُو بہ کُو ہوگی

موت سے ہوگی جب ہم آغوشی
زندگی خوب زرد رُو ہوگی

طاہرہ، چھا گیا ہے جو دل پر
دل میں اس کی ہی جستجو ہوگی

ذکر و فکرِ جمالِ یار کروں
بُت پرستی مگر شعار کروں

مجھے دُنیا سے اب تعلق کیا
کیوں زمانے کو سازگار کروں

کیا یہی ان کا مشورہ ہے ہنوز
دل کو کچھ اور داغ دار کروں

سارا عالم شکار ہے جس کا
کاش میں خود اسے شکار کروں

میرا دامن تو چاک ہے کب سے
تیرا دامن بھی تار تار کروں

اک طرف کعبہ اک طرف وہ خود
کونسی راہ اختیار کروں

طاہرہ ، دل پہ جو گزرتی ہے
نہیں ممکن کہ آشکار کروں

یاد میں اشک بہاؤں یہ ضروری تو نہیں
پیار کا سوانگ رچاؤں یہ ضروری تو نہیں

بِن سُنائے ہوئے سُن لیتے ہیں سُننے والے
داستاں اپنی سناؤں یہ ضروری تو نہیں

کس قدر شوق سے بھیجا ہے انہیں میں نے سلام
ان کا پیغام میں پاؤں یہ ضروری تو نہیں

کعبہ اللہ کا گھر بھی ہے بُتوں کا گھر بھی
اک نیا کعبہ بناؤں یہ ضروری تو نہیں

روٹھنے والوں کا انداز ہے روٹھے رہنا
بار بار ان کو مناؤں یہ ضروری تو نہیں

ساری دنیا کے الم، سارے زمانے کے ستم
تا دمِ مرگ اٹھاؤں یہ ضروری تو نہیں

اہلِ دل طاہرہ پہچان ہی لیتے ہیں مجھے
نام میں اپنا بتاؤں یہ ضروری تو نہیں

رہتے ہیں اہلِ دل ہی سدا سوزِ غم میں قید
مجنوں ہے دشت میں تو ہے لیلیٰ حرم میں قید

کس درجہ دلکشی ہے ہمیں قید و بند سے
کر بیٹھے لامکاں کو بھی شکلِ صنم میں قید

تسخیرِ کائنات کے دعوے لئے ہوئے
انسانیت ہنوز ہے دَیر و حرم میں قید

جو تھے تلاش میں کسی اُونچی اُڑان کے
پائے گئے ہیں وہ بھی خود اک آشرم میں قید

اس ہم سے ہٹ کے دیکھئے دُنیا کو گاہ گاہ
کب تک رہیں گے طاہرہ ہم یونہی اہم ہیں قید

○

غضب ہے پھر مرے خوابوں میں آرہے ہو تم
سکونِ ضبط کی دیوار ڈھا رہے ہو تم

یہ انتقام تمہارا بڑا ہی قاتل ہے
دوبارہ کیوں مری ہستی پہ چھا رہے ہو تم

وہ تیر ہوں جو کماں سے نکل چکا کب کا
جو جا چکا ہے اسے کیوں بُلا رہے ہو تم

مجھے نہ یاد کرو سُن لو التجا میری
خود اپنے جام میں تلخی ملا رہے ہو تم

خدا کے واسطے دامن کو میرے چھوڑ بھی دو
یہ کیا ستم ہے کہ پھر پاس آرہے ہو تم

مجھے تو شکوہ شکایت نہیں ذرا تم سے
کسے وفا کا فسانہ سُنا رہے ہو تم

پناہ اب نہ گلستاں میں ہے نہ صحرا میں
سُنا ہے ساتھ بہاراں کے آ رہے ہو تم

تمہارے لطف سے دل طاہرہ کا روتا ہے
غموں کو اور بھی اس کے بڑھا رہے ہو تم

○

آپ کی یاد ہی بندگی بن گئی
جستجو آپ کی روشنی بن گئی

آپ کیا آ گئے انقلاب آ گیا
رات تاریک تھی چاندنی بن گئی

اُف یہ مژدہ دل پھر دھڑکنے لگا
شاخ سُوکھے شجر کی ہری بن گئی

آپ نے مُسکرا کے جو دیکھا اِدھر
زندگی بن گئی، زندگی بن گئی

تلخیوں میں بھی اب لطف آنے لگا
کشمکش زیست کی دل لگی بن گئی

حاصلِ زندگی آپ کی دوستی
آپ کی دوستی ، زندگی بن گئی

بزم میں آپ نے کیا پکارا مجھے
لیجئے اک کہانی نئی بن گئی

اس ستمگر نظر کا اثر یہ ہوا
طاہرہ ، بات بگڑی ہوئی بن گئی

O

مت قہقہے لگاؤ، مرا دل اُداس ہے
گر ہو سکے رُلاؤ، مرا دل اُداس ہے

داغوں سے بھی تو بزم چراغاں نہ ہو سکی
شمعیں نئی جلاؤ، مرا دل اداس ہے

چھیڑو نہ میری اُجڑی محبّت کی راگنی
مجھ پر ستم نہ ڈھاؤ، مرا دل اُداس ہے

وہ جام جس میں خونِ تمنّا کی ہو جھلک
میری طرف بڑھاؤ، مرا دل اُداس ہے

جاؤ خدا کے واسطے، یادوں کے قافلو
اب اور مت ستاؤ، مرا دل اُداس ہے

بھیجوں کِسے پیام وسلام نیاز و شوق
اے مدھ بھری ہواؤ، مرا دل اُداس ہے

جو آگ سی لگا دے جمودِ حیات میں
ایسی خبر سُناؤ، مرا دل اُداس ہے

اُن سے یہ کہہ دو طاہرہ، دل وہ نہیں جو تھا
اب آؤ یا نہ آؤ، مرا دل اُداس ہے

O

○

بھلا وہ آنکھ کیا جو نم نہیں ہے
وہ دل کب دل ہے جس میں غم نہیں ہے

گیا لطفِ حیاتِ عاشقانہ
کسی کی زُلف اب برہم نہیں ہے

اگرچہ زیست ہے دردِ مُسلسل
ہمارا بھی تبسم، کم نہیں ہے

بناؤں کیا سمجھ کر آشیانہ
گلستاں خود بھی مستحکم نہیں ہے

یہ زخمِ دل ہے زخمِ دل ہے اے دوست
کہیں اس زخم کا مرہم نہیں ہے

گرا ہے نرگسِ شہلا سے موتی
یہ اشکِ ہجر ہے، شبنم نہیں ہے

رہے زندہ دلی میری سلامت
ہزاروں غم ہیں پھر بھی غم نہیں ہے

نہ جانے طاہرہ کیوں بزمِ دل میں
تمناؤں کا اب ماتم نہیں ہے

O

نہ جانے آئے ہیں یہ کس کی انجمن کے چراغ
بھڑک اٹھے ہیں خوشی سے جو میرے من کے چراغ

یہ تُو تھا جس نے بکھیرا تھا نُور راہوں میں
جلائے تو نے ہی تھے میرے فکر و فن کے چراغ

طلوعِ ماہ ، دھکتی شفق ، گلِ رنگیں!
کوئی بتائے یہ ہیں کس کے بانکپن کے چراغ

خبر ہے کیسے سجایا ہے ، دل کا ویرانہ
جلائے ہیں تری یادوں سے انجمن کے چراغ

سحر قریب ہے یزداں کی سرحدیں ہیں قریب
بجھے بجھے نظر آتے ہیں اہرمن کے چراغ

یہ دوریاں یہ فراق اور یہ فاصلے کب تک
کبھی نہ ہوں گے فروزاں مگر لمن کے چراغ

بہت اُداس ہوں دل تنگ ہوں پریشاں ہوں
جلا دیئے ایسے میں خوشبوئے پیرہن کے چراغ

ہمارا نام بھی ہے ، خادمانِ اُردو میں
جلائے ہم نے بھی ہیں طاہرہ سخن کے چراغ

O